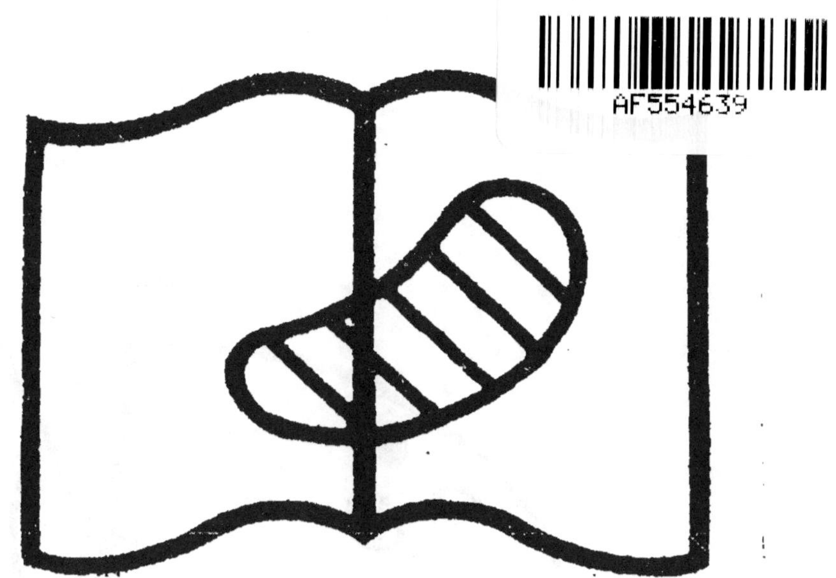

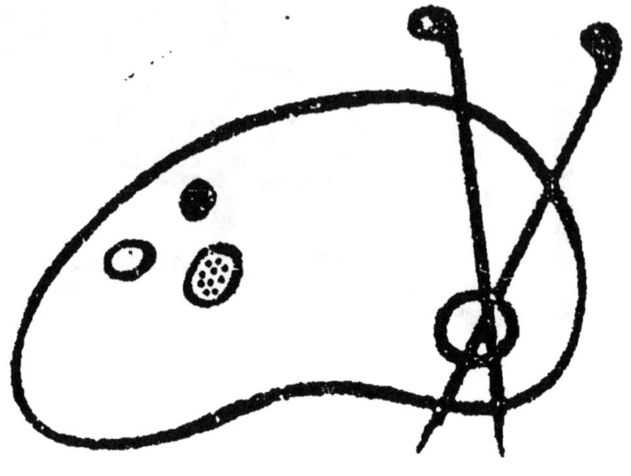

Début d'une série de documents
en couleur

JULES SOURY

LA RÉDEMPTION D'ISRAEL

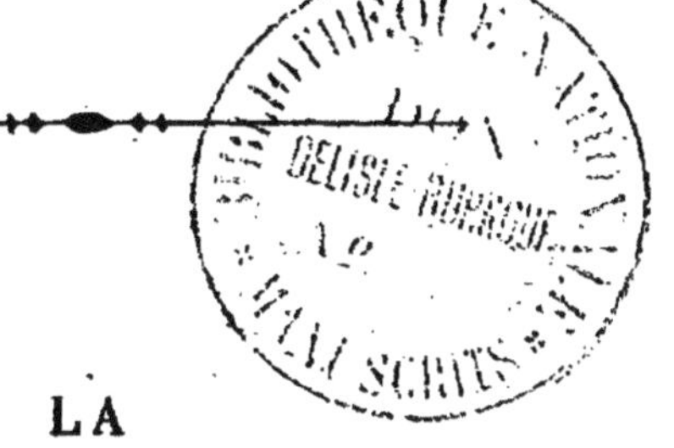

LA LIGUE DES DROITS DE L'HOMME ET LE RÉGICIDE

(Extrait de *L'ACTION FRANÇAISE* du 1er avril 1901)

PARIS
AUX BUREAUX DE L'ACTION FRANÇAISE
28, RUE BONAPARTE

1901

PARIS
IMPRIMERIE F. LEVÉ
17, Rue Cassette

OUVRAGES DE M. JULES SOURY

Le Système nerveux central. Structure et Fonctions. Histoire critique des Théories et des Doctrines. 2 vol. in-4° (G. Carré et C. Naud).

Les Fonctions du Cerveau. 2e édit., 1 vol. (Alcan)

Bréviaire de l'Histoire du Matérialisme. 1 vol. (Charpentier).

Philosophie naturelle. 1 vol. (Charpentier).

Théories naturalistes du monde et de la vie dans l'Antiquité. 1 vol (Charpentier).

Etudes historiques sur les Religions, les Arts, la Civilisation de l'Asie Antérieure et de la Grèce. 1 vol. (Reinwald).

Etudes de psychologie historique :

I. *Portraits de Femmes.* 1 vol. (Fischbacher).
II. *Portraits du XVIIIe siècle.* 1 vol. (Charpentier).

Essais de critique religieuse. 1 vol. (Leroux).

Jésus et la Religion d'Israël. 3e édit. revue et corrigée. 1 vol. (Fasquelle).

Morbid Psychology. Studies on Jesus and the Gospels. A Study in comparative Mythology. Translated by J.-B. Mitchell, M. D., and Annie Besant. 1 vol. London, printed by Annie Besant and Charles Bradlaugh.

De Hylozoismo apud Recentiores (*Th. de doctorat*). 1 vol. (Charpentier).

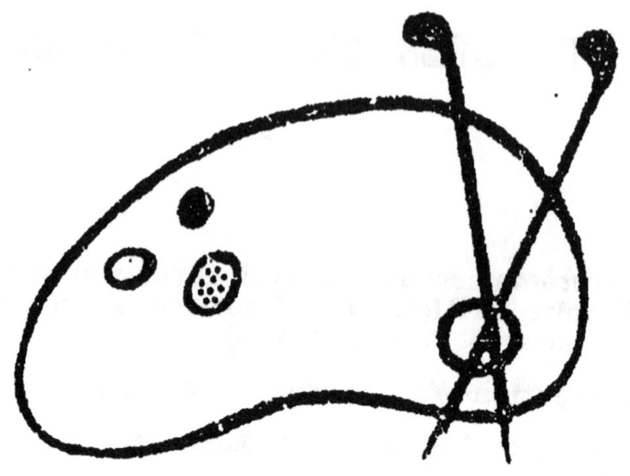

Fin d'une série de documents
en couleur

JULES SOURY

LA
RÉDEMPTION D'ISRAEL

LA
LIGUE DES DROITS DE L'HOMME
ET LE RÉGICIDE

(Extrait de *L'ACTION FRANÇAISE* du 1er avril 1901)

PARIS
AUX BUREAUX DE L'ACTION FRANÇAISE
28, RUE BONAPARTE

1901

LA RÉDEMPTION D'ISRAEL

LA RÉDEMPTION D'ISRAEL

Nous autres gens de race aryenne, catholiques romains et Français de France, nous avons le devoir d'incliner à la pitié envers les races inférieures, envers les Juifs surtout, dont les mœurs et l'intelligence, si fatales qu'elles aient été aux nations chrétiennes et bouddhistes où ces nomades ont passé, n'en ont pas moins atteint, dès l'antiquité, une élévation très remarquable pour des Sémites. L'Arabe est même à cet égard resté fort inférieur à son vieux frère de Judée. Mais la structure morale et intellectuelle de cette espèce humaine diffère beaucoup d'avec la nôtre, et ce qui assure au Juif le droit légitime de vivre, d'agir et de penser en homme aussi longtemps qu'il demeure en son milieu, en Judée, devient une peste mortelle, un fléau cent fois pire que la mort, pour les Slaves, les Germains ou les Français au milieu desquels il s'établit et prolifère comme un mycélium.

Ah! que le saint roi Louis IX avait raison lorsqu'il laissait voir ainsi au sire de Joinville le fond de sa pensée et de son âme, de sa pensée de roi de France, de son âme de chrétien, sur la nature de l'esprit juif : « Aussi vous di-je, fist li roys, que nulz, se il n'est très bons clers, ne doit desputer à eulz (avec les Juifs); mais l'omme lay, quant il oy mesdire de la loy crestienne, ne doit pas deffendre la loy crestienne, ne mais de l'espée, de quoy il doit donner parmi le ventre dedens, tant comme elle y peu entrer (1). » (*Mémoires du sire de Joinville*, 27.)

Les temps sont passés où ce genre d'argument, le seul qui convînt alors, puisse être employé pour réduire un Juif au silence. Ce remède fut-il même jamais le meilleur? J'en doute, car nous savons tous quels glapissements aigus — qu'on ne comparerait, si cette comparaison n'était ici deux fois odieuse, qu'à ceux des porcs qu'on égorge — ont accoutumé de pousser les Juifs, je ne dis pas qu'on frappe, mais qu'on menace uniquement, sans songer à férir de « l'espée » ni du poing. En France, qui voudrait battre un Juif? Tout homme de race aryenne, chrétien ou bouddhiste, loin de vouloir la mort ou la

(1) « Aussi vous dis-je, fit le roi, que nul, s'il n'est très bon clerc, ne doit disputer avec eux; mais un laïque, quand il entend médire de la loi chrétienne, ne doit pas défendre la loi chrétienne, *sinon avec l'épée, dont il doit donner dans le ventre, autant qu'elle y peut entrer.* »

conversion du Juif, ne désire que lui acheter du blé ou des dattes lorsqu'il sera redevenu fermier, en sa vieille terre de Chanaan. Pourquoi faire un crime au Juif de n'être, suivant l'expression de Renan, qu' « une combinaison inférieure de la nature humaine » (1)?

On croyait encore, il y a quelque trente ans, que de pures fictions d'ordre politique ou religieux, la naturalisation, la conversion, avaient la vertu de transformer un Juif en chrétien ou en Français, en homme de notre race, de notre sang, de notre mentalité héréditaire. Selon l'Eglise, le baptême fait du Juif un chrétien; le Juif converti, quelle qu'ait été la raison de sa conversion, devient notre coreligionnaire; nous lui devons faire place, de bon cœur, dans nos églises et dans nos temples. Le Juif d'Allemagne, d'Angleterre ou d'Italie, naturalisé Français, jouit légalement des droits civils et politiques de sa nouvelle nationalité.

Mais qui n'aperçoit que des lettres de naturalité, ou l'eau d'un baptême, ne sauraient rien changer à la structure héréditaire d'un cerveau humain, aux caractères ethniques de la race, aux habitudes traditionnelles de sentir, de réagir et de penser, bref, à la reli-

(1) « Je suis le premier à reconnaître que la race sémitique, comparée à la race indo-européenne, représente réellement une combinaison inférieure de la nature humaine. » E. Renan, *Histoire générale et Système comparé des langues sémitiques*, Paris, 4e édit., p. 4.

gion et à la morale, non plus qu'à la patrie d'origine de ces Hébreux, dont les pères s'établirent dans la vallée du Jourdain? Israël défendant son sol, le sol conquis par ses pères, contre l'Assyrien, l'Egyptien, le Romain; Israël inviolablement fidèle aux traditions politiques et religieuses de ses rois et de son Temple; Israël, indomptable, farouche, refusant seul de courber la nuque devant les aigles romaines, préférant périr dans les ruines fumantes de Jérusalem — Israël est une nation héroïque. Ses destins ont été tragiques. Le vainqueur doit honneur au vaincu.

Aussi bien la lutte fut toujours inégale. Les armées romaines rasèrent une citadelle de Judée presque inconnue à César; tôt ou tard la paix romaine devait s'étendre sur les plaines, les lacs et les collines de Judée, de Galilée, de Samarie. Salomon Munk, le savant orientaliste, écrivait de Rome, le 26 novembre 1840, à sa bonne mère Malka, restée là-bas, sur les bords de l'Oder, dans la Silésie prussienne : « Une triste vue, le ghetto, ou quartier juif. Nos coreligionnaires vivent là, sous la plus lourde oppression. Ils sont exilés dans l'une des parties les plus misérables de la ville... Là, on leur a assigné un petit nombre de rues sales auxquelles on arrive par diverses portes, fermées la nuit. La plupart des Juifs se livrent au petit commerce... Près du quartier juif, on voit l'Arc de triomphe sous lequel Titus fit son entrée à Rome, en revenant après la destruction de Jérusalem : sur cet Arc figurent plusieurs des Vases du Temple, le Chandelier d'or et la Table des pains de proposition. D'ordinaire, les Juifs font un détour pour n'avoir point à passer sous cet Arc de triomphe. Pourtant, tout à l'entour, on voit la vieille Rome en ruines... morte, tandis que le Judaïsme subsiste encore et subsistera toujours... (1) »

Dispersé parmi les nations, Israël continua la lutte, lutte séculaire du Sémite contre tout ce qui n'est pas sémitique, c'est-à-dire Arabe ou Juif, contre l'esprit, la langue, les mœurs, les cultes et la civilisation des peuples de race aryenne, Hellènes, Italiotes, Celtes, Germains, Slaves. Inassimilé, parce qu'il est à jamais inassimilable, le Sémite est resté et il restera ce qu'il est parmi nous autres Français, Allemands, Anglais ou Russes : l'Etranger, et cela, en dépit de toutes les naturalisations, de toutes les conversions. Ces fictions politiques et religieuses ne sauraient, je le répète, modifier un atome du cœur de granit d'Israël.

Seul, le nom, l'idéale vision de Jérusalem fait encore descendre la rosée dans les yeux calcinés du Juif. Or, ceux-là sont-ils donc à jamais perdus et dégénérés qui ont conservé

(1) *Salomon Munk*. Sa vie et ses œuvres, par Moïse Schwab, Paris, 1900.

le don des larmes? Nous ne le croyons pas. Israël se souvient ; il aime toujours. « O Jérusalem ! si je t'oublie, j'oublierai ma main droite ! » (Ps. cxxxvii, 5.) C'est dans cet amour de l'enfant pour la vieille mère défunte, dans la fidélité aux rites, aux coutumes, à la religion des ancêtres, dans la piété de ces déracinés pour la terre des morts, — pour la patrie, — qu'est, selon nous, le signe certain, l'annonce et le présage infaillible de la future rédemption d'Israël.

Jules Soury.

LA LIGUE
DES DROITS DE L'HOMME
ET LE RÉGICIDE

LA LIGUE DES DROITS DE L'HOMME

ET LE RÉGICIDE

[*Notre illustre collaborateur et maître Jules Soury, de qui nous publions ci-dessus l'éloquente* « Rédemption d'Israël », *a donné au* Soleil *du 1er mars 1901 une importante déclaration relative à la valeur morale de la période et de la doctrine révolutionnaires.*

Cette déclaration de principes est, avant toute chose, un acte.

*L'*Action française *avait le devoir de l'enregistrer.*

En voici le texte.]

> Résolution adoptée par la Ligue, dans sa réunion du 25 février 1901 :
>
> « Considérant que le projet de loi sur l'extradition, qui a été déposé au Sénat par le garde des sceaux, ministre de la justice, exclut le régicide des crimes politiques...
>
> « Le Comité central de la Ligue... proteste contre l'innovation proposée par le garde des sceaux. »

Il y a, dans l'histoire de la France, des temps d'une hideur morale plus hideuse encore que ceux-ci, il y a une époque plus infâme que la nôtre, que celle des massacres d'Arménie et de Chine par les Musulmans et par les Chrétiens : c'est la fin de ce dix-huitième siècle, où les Français redevinrent proprement des Pithéciens, des singes cyniques et malfaisants; c'est l'ère nouvelle de cette France moderne qui devait finir à Sedan ; c'est l'âge des meurtres et des assassinats juridiques, de la captivité et de la mort sur l'échafaud du roi Louis XVI, de la reine Marie-Antoinette et de Mme Elisabeth de France, du pillage des églises et des monastères, de la spoliation du clergé, du vol à main armée des personnes et des propriétés, crimes décrétés par les lois, sanctionnés par les Assemblées nationales d'un peuple de sauvages ivres, ivres de vin et de luxure; c'est la Révolution française.

De ces mornes abîmes de ténèbres et de corruption, où devait disparaître, avec sa tradition et ses gloires, ce que le monde avait appelé la civilisation française, sortit la « Déclaration des Droits de l'Homme et du Citoyen ».

Jules Soury,
Directeur d'études
à l'Ecole pratique des Hautes-Études
à la Sorbonne.

PARIS. — IMPRIMERIE F. LEVÉ, RUE CASSETTE, 17.

www.ingramcontent.com/pod-product-compliance
Lightning Source LLC
LaVergne TN
LVHW020508230826
846091LV00008BA/3403
* 9 7 8 2 0 1 6 1 8 1 6 2 1 *